A. Dinculescu

De poți

Autor: Antonie Dinculescu

Titlu: De poți

Editor: Ioana Onica și Ruxandra Vidu

Coperta: Ioana Onica

ISBN 978-1-936629-50-3

COPYRIGHT 2016 © Reflection Publishing
Printed in the United States of America

Published by Reflection Publishing
P.O. Box 2182, Citrus Heights, California 95611-2182
email: info@reflectionbooks.com
www.reflectionbooks.com

Lui George.

De dragoste

Întâmplare

Te-am întâlnit în Cișmigiu.
Ploua mărunt și era frig.
Te-am luat atunci sub pardesiu
Și oferindu-ți un covrig
Ți-am spus că ești aleasa mea,
Ca într-un film cu El și Ea.

    Te-am dus la mine, la mansardă,
    Te-am dezbrăcat să te usuci,
    Și mângâindu-ți mâna caldă,
    Te-am dezmierdat cu vorbe dulci.
    Ai fost atunci amanta mea,
    Ca-ntr-un roman cu El și Ea.

A doua zi, când ne-am sculat,
Era senin și era soare.
N-ai spus nimic și ai plecat.
A fost o simplă întâmplare.
Nu-i vina ta, nu-i vina mea,
C-am fost eu El și tu-ai fost Ea.

De-aș fi rămas

Motto:

"Voiam să pleci, voiam și să rămâi.
Ai ascultat de gândul ce-l dintâi.
Nu te oprise gândul fără glas.
De ce-ai plecat? De ce-ai mai fi rămas?" [1]

Ai vrut să plec și am plecat,
Deși de plumb picioarele îmi păreau.
Porniri contradictorii în mine se luptau:
Să stau? Să plec? Și am plecat.

    Mi-am smuls picioarele-ancorate în pământ
    Și învingându-mi propia-mi dorință,
    M-am avântat ca o corabie în vânt,
    Purtând pe buze ură și în suflet năzuință.

N-am auzit chemarea-ți de pe urmă
Și-acum, când o aud, e prea târziu.
Necruțătorul timp ce viața încet ne-o curmă
Mi-a pus pe tâmple vălul argintiu.

Sunt prea bătrân ca să mai am vreun țel
Și prea blazat să am vreo remușcare.
În minte-mi mai persistă o singură întrebare:
De-aș fi rămas, m-ai fi iubit la fel?

Azi vei pleca

Azi vei pleca, să nu spui nu.
Eu știu prea bine ce vei face.
Da, astăzi vei pleca și tu
Și știu că nu te vei întoarce.

    Vei sta tăcută-n fața mea
    Și neputând nimic să-mi spui,
    Deși atât de multe-ai vrea,
    Vei lua paltonu încet din cui,
    Mă vei privi odată lung și-apoi
    Îți vei lua bagajul brusc și vei pleca.
    Nu vei întoarce capul înapoi
    Să vezi de mă mai uit sau nu în urma ta.

Așa se va întâmpla, să nu spui nu.
De-aceea nici nu încerc să te opresc.
Eu știu că e zadarnic, știi și tu,
Mai bine stai puțin să te privesc.

Și în timpul cât ne-a mai rămas
Până la clipa despărțirii,
Hai să ne întoarcem pas cu pas
Pe calea scurtă a iubirii.
Și-atunci când vom ajunge la început,
Pleca-vom fiecare separat.
Nu te cunosc și nu m-ai cunoscut.
Va fi numai un vis frumos și-atât.
Păcat.

Lapis lazuli

Dimineața,
Când cu ochii pe jumătate închiși
Ies în curte să mă spăl,
Mă întorc cu fața spre soare
Și printre stropii de aur
Ce mi se preling peste gene,
Întrezăresc doi ochi albaștri,
Ca două pietre de lapis lazuli.

    La prânz,
    Când toropit de căldura verii,
    Mă așez la umbra unui copac
    Cu mâna sub căpătâi,
    Printre ramurile lui stufoase,
    Îngemănându-se cu azurul cerului,
    Zăresc doi ochi albaștri,
    Ca două pietre de lapis lazuli.

Seara,
Când mă întorc acasă

Obosit de truda de peste zi,
Îmi ridic privirea spre bolta cerească
Și printre stelele care se aprind treptat
Ca niște candele minuscule,
Văd strălucind doi ochi albaștri,
Ca două pietre de lapis lazuli.

    Înciudat, grăbesc pasul,
    Intru în casă și mă culc
    Hotărât să nu mă mai gândesc la ei.

Dar noaptea,
Când somnul mă cuprinde,
Mușchii incep să-mi tresară,
Corpul mi se destinde
Și adorm fericit, cu zâmbetul pe buze.

    Doi ochi albaștri,
    Ca două pietre de lapis lazuli,
    M-au luat cu ei în lumea minunată
    A viselor.

Floarea

Undeva, în drumul meu prin lume,
Prin lumea asta mare și pustie,
Pe-un câmp plin de buruieni ofilite,
Am întâlnit o floare.

    O floare adevărată,
    Cu obraji de catifea,
    Cu buze de nectar,
    Cu ochii ca două boabe de rouă
    Strălucind în lumina soarelui.

Vrăjit de frumusețea ei
Am vrut să o mângâi,
Dar urzicile invidioase
Mi-au beșicat palmele
Cu veninul lor perfid.

    M-am aplecat să o miros,
    Dar ciulinii din jur

S-au năpustit la mine
Și mi-au însângerat obrazul
Cu țepii lor ca niște pumnale.

Am vrut să o privesc,
Dar vântul s-a stârnit din senin
Și praful de pe câmp
Mi-a pătruns în ochi,
Umplându-i de lacrimi.

Nu sunt luceafăr

Nu sunt luceafăr prăbușit
Din ceruri în ocean.
Nu pot, vezi bine, să-ți promit
Palate de mărgean.

    Nu sunt nici demon, duh etern,
    Zburând peste genuni,
    Ca la picioare să-ți aștern
    A stelelor cununi.

Nu sunt nici fiu de împarat
Ca să te fac crăiasă
Și toată lumea din palat
Înaintea ta să iasă.

    Sunt doar un simplu pământean
    Luptând cu-a vieții soartă,
    Dar te iubesc cum nu credeam
    Să pot iubi vreodată.

Și tot ce pot ca să-ți ofer
E un crâmpei de soare,
Un cântec înălțat spre cer,
Un pescăruș pe mare,
Un cocostârc într-un picior,
Un gușter pe prundiș,
O cârtița pe un răzor,
O ciută-n luminiș;
Trei gaițe ce stau la sfat
Un ou de bibilică,
Un pițigoi înfuriat,
O veveriță mică,
Un lan de grâu brodat cu maci,
O apă curgătoare,
Un cârd de rațe, doi brotaci,
Un fluture pe-o floare,
Un curcubeu multicolor,
Un greier dat cu tuș,
Un pumn de apă de izvor
In palmele căuș.

Sunt daruri simple, ne-nsemnate,
Sărace și puține,
Dar când le strângi la piept pe toate,
Să te gândești la mine.

Gânduri

De poți [2]

De poți să înveți,

De poți să lupți,

De poți vorbi,

De poți s-asculți,

De poți să stai,

De poți munci,

De poți urî,

De poți iubi,

De poți s-acuzi,

De poți ierta,

De poți gândi,

De poți visa,

De poți să strigi,

De poți să taci,

De poți să vrei,

De poți să faci,

De poți s-auzi,

De poți uita,

De poți s-ajungi,

De poți rabda,

    De lupți să înveți,

    De înveți să lupți,

    De-asculți să știi,

    De știi s-asculți

    De taci și rabzi,

    De rabzi să taci,

    De faci ce știi,

    De știi ce faci,

    De poți să știi,

    De știi ce poți,

    De rabzi și taci

    Când nu mai poți,

De poți zări cu ochii minții
Ce alții n-au putut zări
Și spre hotarul neființii
Cu fruntea sus de poți păși,

    De ai un ideal în viață

    Și-l porți stindard în lupt-aprinsă,

Dar pentru cel ce-ți stă în față
De ai mereu o mână-ntinsă,

De poți schimba a lumii cale
Doar cu un gest sau un cuvânt,
Dar stai să mângâi grâul moale,
Ieșit din reavănul pământ,

De nu te supăr-adevărul
Și nu faci casă cu minciuna,
De nu-ți repugnă cerșetorul,
Dar la nevoie nu întinzi mâna,

De nu platești tribut prostiei,
Dar nici nu tragi din ea folos,
De nu cazi pradă lăcomiei
Și-mparți ce nu-ți e de prisos,

De ai în faț-o perspectivă
Spre care tinzi muncind din greu
Și-atunci când soarta ți-e-mpotrivă,
De nu renunți, ci lupți mereu,

Nu vei avea viața ușoară,
Nici nu vei fi al lumii domn,
Dar vei avea mândria rară
Să-ți meriți numele de Om.

Învăț să merg

Învăț să merg.
Unu, doi, trei pași și... buf!
- Ce a fost asta?
- Gravitația, nu îi da atenție,
Nu poti lupta împotriva ei.
Ridică-te și umblă.

    Mă ridic și umblu, merg,
    Când deodată... buf!
    - Asta ce a fost?
    - Invidia, nu îi da atenție,
    Nu poți lupta împotriva ei.
    Ridică-te și umblă.

Mă ridic și umblu:
Unu, doi, buf!
Unu, doi, buf!
Unu, doi, buf!

- Dar astea ce au mai fost?

- Răutatea, prostia, minciuna.

Nu le da atenție,

Nu poți lupta împotriva lor.

Ridică-te și umblă,

Trebuie să înveți să mergi.

Mă ridic și umblu.

Merg, merg din ce în ce mai repede,

Merg, merg din ce în ce mai bine,

Știu să merg, știu să... Buf!

La ce bun că știu să merg,

Dacă nu știu să cad?

Din nou mă întorc pe-același drum

Din nou mă întorc pe-același drum
Pe care pașii m-au purtat
De atâtea ori până acum.
Din nou sunt trist și-ngândurat.

    Din nou în minte îmi revine
    Aceiași intrebare fără rost:
    "Fac oare rău, fac oare bine?"
    Si tac din nou și îmi spun din nou că-s prost.

Din nou mă lupt cu mine,
    scurmându-mi prin conștiință,
Din nou mă contrazic,
    ca în urmă să mă-aprob
Și căutându-mi calea
    în propia-mi ființă,
Pornesc din nou să bâjbăi
    prin mine ca un orb.

Ah, drumul ăsta desfundat,
Pustiu și fără de sfârșit,
Drumul acesta-ntortocheat
Ce mult am vrut ca să-l evit.

Din nou imi spun ca n-o să mai revin,
C-o să găsesc o cale mai dreaptă, mai curată.
Și gândul ăsta simplu îmi pare-așa sublim,
De parc-acum îmi vine în minte prima dată.

Dar drumul mă trezește din vis, necruțător
Și zâmbetul de-o clipă devine iarăși strâmb.
Mă regăsesc pe mine, umilul muritor
Si plec încet târându-mi picioarele de plumb.

Azinoapte mă plimbam printre morminte

Azinoapte mă plimbam printre morminte.
Era o ceață deasă și crucile de lemn
Prinzând contururi stranii îmi apăreau-nainte,
Ca un simbol sinistru al somnului etern.

    In liniștea solemnă care plutea în jur
    Mi se-auzeau doar pașii, ca un ecou pierdut.
    Ce forță mă chemase, ce sentiment obscur,
    In cimitirul rece, întunecat și mut?

Mergeam pe-alei tăcute și înaintea mea
Se perindau toți morții în strai sărbătoresc,
Asa precum în viaț-au arătat cândva.
Tăcut am stat o clipă din umbră să-i privesc.

    Erau acolo vârstnici și tineri la un loc,
    Probând ca moartea-i oarbă și crudă deopotrivă.
    Citeam durerea mută în ochii lor de foc,
    Dorința ne-mplinită, căința lor tardivă.

Privind cortegiul jalnic ce-mi defila-nainte,
Simțeam zvâcnind în mine porniri de Prometeu.
Cu pumnii strînși de ciudă, cu sângele fierbinte,
Vroiam în clipa aia să-l văd pe Dumnezeu.

> Lui ce se crede mare și drept și luminat,
> Vream să-i arunc în față întregul meu dispreț.
> Să-i spun ca e un jalnic bătrîn descreierat,
> Ce-și bate joc în viață de tot ce-i mai de preț.

Dar geana cald-a zilei mi-a domolit pornirea.
Când bezna rece-a nopții treptat s-a risipit,
M-am reculas o clipă și împăcat cu firea,
M-am îndreptat spre casă cu pasul liniștit.

Panta rhei [3]

Pe drumul cvasi-elicoidal
Ce urcă în spirală
De la atom și pâna la quasar,
Prin bezna glacială
A nebuloaselor amorfe,
Prin focul supernovelor ce ard
În universuri limitrofe
Ca miezul cupelor de jad,
Imperceptibile semnale
A unor lumi pierdute-n haos
Gonesc pe- întinse căi astrale,
Sfidând tendința spre repaos.

    Ce lume plină de mistere,
    Ascunde-n el semnalul mut?
    Ce fințe, biete efemere,
    Ni l-au trimis? Și-i oare mult
    De cînd s-a așternut la drum,
    Pierind în spațiul nesfârșit
    Cum piere firul slab de fum
    Din flacăra unui chibrit?

Ce cugetări, ce năzuințe,
Ce acțiuni cutezătoare,
Ce bucurii, ce suferințe,
Se-ascund în unda călătoare?
Putea-vom oare, vreodată,
Sa descifrăm ce stă înscris
In raza slaba, voalată,
Care ne vine din abis?

    Și de-om putea, la ce folos?
    Când focul nu va mai mocni
    In astrul zilei luminos,
    La rândul nostru nu vom fi
    Decît un biet mesaj hoinar
    Prin ale spațiului genuni,
    Care încearcă în zadar
    Să povestească altor lumi
    Ce e o floare, un surâs,
    Ce pură-i roua dimineața,
    Cum zboară ciocârlia sus
    Și ce frumoasă este viața.

Gol

Privesc în gol și gându îmi zboară
Pe goale căi în spațiul gol.
Un gol cumplit mă înconjoară
Și simt crescând în mine-un gol.

    Un gol imens e lumea toată,
    Fug galaxiile în stol
    Prin spațiu-timp ce se dilată,
    Lăsând în urma lor un gol.

Materia e un năvod
Țesut din fire ireale.
Atomii-n fiecare nod
Închid în ei doar spații goale [4]

    Ce poate fi mai dens ca șirul
    De numere raționale?
    Dar dacă stai sa depeni firul
    Găsești atâtea spații goale... [5]

E omul gol la trup și suflet,

Deșarte-s gândurile sale.

"Exist, îmi spun, doar pot să cuget"[6]

Și m-amăgesc cu vorbe goale.

Black hole

Există în vidul cosmic misterioase spații
În care miezul firii în sine se prăvale;
Imense găuri negre căscate-n constelații,
Abisuri fără margini, capcane siderale.

> Pierdută este steaua care le iese-n cale;
> Atrasă-n hăul negru ca-ntr-un maelstrom gigant,
> Se zbate să învingă cumplita încleștare,
> Se frânge, se destramă și piere în neant.

Nici raza de lumină nu poate să mai iasă,
Se înlănțuie pe sine închisă-n spațiul curb.[7]
Că nu putem pricepe, destinului nu-i pasă.
În van se opintește bătrînul Demiurg.[8]

> "Lăsați orice speranță voi cei ce ați intrat"[9]
> Zadarnică-i căința, iar ruga-i de prisos.
> Cine-a pătruns acolo pe veci e condamnat.
> Nu e decât o cale: din ce în ce mai jos.

Tot astfel, când loviți de soartă,
Zdrobiți ne prăbușim în noi,
Nimic nu poate să ne scoată
Din haul negru înapoi.

Din anii studenției

Portocaliu e glasul tău! [10]

Portocaliu e glasul tău!
În armonia siderală
Răsună trist, ca un ecou,
Vibrarea lui sferoidală.

    Și printre notele vopsite
    Care se pierd plutind în hău,
    Un singur sunet se mai simte
    Portocaliu; e glasul tău.

El simțuri noi vroind să dee
Cu-a lui nuanță pal-ovală,
Străbate-n lung Calea Lactee
În armonia siderală.

    Bolborosind cuvinte stranii
    In frigul veșnic din cavou,
    Un psalm cântat de mii de cranii
    Rasună trist ca un ecou.

Nu-i pot pătrunde înțelesul,
Dar simt în bezna glacială
Care inundă universul,
Vibrarea lui sferoidală.

Vibrarea lui sferoidală
Răsună trist ca un ecou
În armonia siderală.
Portocaliu e glasul tău!

Romanța debreținilor albaștri

Un șir de debrețini albastri,
Incolăciți spasmodic și chirciți,
Pluteau prin bezna rece dintre aștri,
Părând pe veșnicie de soartă osândiți.

    Milenii, unul după altul,
    Trecut-au precum clipele de vis,
    Dar într-o zi s-a despicat neantul
    Și din străfundul negrului abis
    Venit-ai tu, iubita mea,
    Și cu un gest măreț și grațios
    Ai luat un debrețin care plutea,
    Pe cel mai mare, mai albastru și mai gros.

Și ai mușcat din el... O, draga mea,
Tu nici nu știi ce crim-ai săvârșit.
În debreținu-acela era iubirea mea,
Iubirea mea nebună ce astfel s-a sfârșit.

Apocalips

Elucubrații spiralate
Susțin a cerului verigi,
Mireasme canibal sculptate
Repetă-n cor legea lui Linch.

    Un suflet geme după apă
    Și în disperarea-i ancestrală
    La cloaca vieții se adapă.
    E caldă cloaca și-i banală.

Cadavre stivuite în cruce
Își-așteaptă rândul la cuptor.
Un câine vine ca să spurce
Cu-n gest firesc acest decor.

    Și în amurgul care moare,
    Un soare roșu, înjunghiat [11]
    Își dă și ultima suflare.
    Pe urmă totu-a explodat.

Geneză

Poveste-aceasta s-a nascut din haos,
Din negura de ghiață a lumii în repaos,
In universul rece, adânc, nemărginit,
La începutul lumii (sau poate la sfârșit).

    Pe când nu erau încă a lumii constelații,
    Pe când doar timpul veșnic zbura tăcut prin spații,
    Pe când tot universul era o bezn-adâncă
    În care nici o rază nu pătrunsese înca,
    Atunci întreaga lume, pustiu fără sfârșit,
    Era o-ngrămădire de praf la infinit.
    Era o nebuloasă pierdută în abis
    Formând cu multe alte a lumilor cuprins.

Și frigul părea veșnic și negura eternă,
Pierdută era lumea în necuprinsa beznă.
Materia-nghețată la zero absolut
Nu mai avea nici viață și nici al ei tumult.
Și nimenea nu știe cît timp a rătăcit
Ca un coșciug sinistru pe-un râu fără sfârșit.

Dar iată că, deodată, în bezna cea adâncă
O rază de lumină sclipi ca o nălucă.
Un sol din altă lume, un astru luminos,
Spre lumea noastră moartă venea vertiginos.
Ca un simbol al vieții venea-nghițind parseci [12]
Sfidând cu-a lui lumină, a lumii neguri reci.

Și-astfel precum bolidul, căzut în noaptea neagră,
Cutremură pământul vestind o lume-ntreagă,
Tot astfel astrul zilei, în bezna de granit
Pătrunse cu-a lui raze. Și lumea s-a trezit..............

Am scris aceste rânduri pe când eram copil
Furat de-o teorie, mai știu și eu a cui. [13]
O, minte avântată, o spirit juvenil,
Ce simplu pare totul când ani nu ai destui.

Ce grațios e d-l Stan!

Ce grațios e d-l Stan!
Când face ondulații, pare
Un rotunjor hipopotam
Cu șolduri calipsoidale.

    Iar glasul lui tremurător,
    Când ia o notă mai înaltă
    Vibrează lung în la bemol
    Ca un brotac căzut în baltă.

Cu zâmbetu-i fermecător
Produce în jurul lui extaz;
Un sentiment multicolor
De brânză, ouă moi și praz.

    Un exemplar atât de rar
    Pe veci se cere să-l păstrați.
    Deci puneți mâna, așadar,
    Și cât mai iute-l împăiați.

Ghinion

O cizmă veche și cârpită
Sta agățată de tavan
Și se holba ca o tâmpită
La altă cizmă, d-l Stan.

    Că-i cizmă o vedea ea bine,
    Deși aspect nu prea avea,
    Dar își zicea mereu în sine:
    "Așa o cizmă, sora mea?

E o rușine pentru mine
Și pentru-al cizmelor sobor.
Decât să-ndur așa rușine
La vârsta mea, mai bine mor".

    Și de acolo, din tavan,
    S-a aruncat cu capu în jos.
    E moart-acum, iar d-l Stan
    E înca viu și sănătos...

Veți spune: "Și ce lucru mare?
O cizmă mai puțin pe lume
Nu e motiv de întristare;
O cizmă tot cizmă rămâne".

Nu, nu vreau necrolog să-i fac.
Să-i facă unul d-l Stan.
Dar dacă îi cădea în cap,
De două cizme-acum scăpam.

Piei, drace!

Prea multă proză mă înconjoară
Ca să mai fiu sentimental.
Degeaba scurm în călimară,
Cuvântu-i mort, versul banal.

    Degeaba mă trudesc să-aștern
    Pe coala albă de hârtie
    Acest produs lacrimogen
    Care se cheamă poezie.

Degeaba-ncerc ca să prefac
În perle stropii de cerneală,
Că-n fiecare strop un drac,
Ascuns ca-ntr-un ceaun cu smoală,
Scoate la mine-o limbă mare
De pacient la ORL-ist.

    Degeaba-ncerc eu, cu răbdare,
    Să-i explic lui Anticrist

Cum că am scris aceste stanțe
Doar ca un exercițiu logic,
Având atenuante circumstanțe
In pomul meu genealogic.

Degeab-am pus pe el, cu ură,
Tămâie, praf de strănutat,
Acid sulfuric, cianură,
Fenol, sacâz, permanganat,
Mercur, pucioasă, acetonă,
Carbune-activ, nichel redus,
Pirimidină, beladonă,
Și dracu știe ce-am mai pus,
Că el rămâne tot acolo,
Holbându-se ca un netot
Ce l-a vazut pe Marco Polo.
Ei, nu, ca asta-i prea de tot!

Alphons era un câine prost [10]

Alphons era un câine prost.
Cu nasul bont, cu părul creț
Avea în el ceva anost
Când se îndrepta către coteț.

    In plină noapte se trezea
    Lătrând la lună fară rost.
    Nu, hotărât, pe legea mea,
    Alphons era un câine prost.

Este de-a dreptul curios
Că se găsea câte-un drumeț
Să spună că e chiar frumos
Cu nasul bont, cu părul creț.

    Când hoinărea prin curtea mare,
    Sau, alergând fără de rost,
    Ni se-ncurca printre picioare,
    Avea în el ceva anost.

Dar într-o seară Hozrasciot,
Pisoiul nostru cel isteț,
I-a dat o labă peste bot,
Când se îndrepta către coteț.

Când se îndrepta către coteț.
Avea în el ceva anost.
Cu nasul bont, cu părul cret,
Alphons era un câine prost.

Zece studenți [14]

Zece studenți s-au vorbit
Să meargă la pescuit.
S-au sucit, s-au învârtit,
Au intrat și au ieșit.
Pân-la urmă au plecat.
Numai unul, dezbrăcat,
Ciufulit și nespălat,
Caută-un pantof sub pat:
"Unde naiba a intrat"?

    Nouă studenți pe cărare,
    Cu undițe la spinare
    Merg cântând în gura mare:
    "Hai la știuuuca cea maaare..." [15]
    Unul însă s-a-nțepat
    Într-un spin și-a înjurat.
    Restul nu l-au așteptat
    Și în urmă l-au lăsat.

Opt studenți nerușinați

Scormonesc de zor rahați

Sa găsească râme grase,

Proaspete și fără oase.

Însă unul a mâncat

Ce nu-i place și-a crăpat.

Ceilalți l-au îngropat

Chiar acolo și-au plecat.

    Șapte studenți pleoștiți,

    Melancolici și blegiți,

    Stau pe mal înșiruiți

    Privind nada încremeniți.

    Unul mai pipernicit,

    Obosit, a adormit.

    În somn a alunecat

    De pe mal și s-a înecat.

Șase care-au mai rămas,

După ce au stat vreun ceas,

Au prins, în sfârsit, un pește

Și flămânzi se ling pe deș-te.
Chiar acolo l-au prăjit,
Dar când fu la împărțit,
Un student mai nehalit
L-a înșfăcat și a fugit.

    Cinci, cu buzele umflate,
    Se tot sfătuiesc în șoapte
    Să îl prindă pe fugar
    Și să-i bage-n fund un par.
    Numai unul, cel mai leneș,
    Amintindu-și de Vlad Țepeș,
    De istorie și școală
    Circumspect, a stat"pe bară".

Patru studenți, prin tufișuri,
Merg cu mâinile pe șișuri,
Ca un grup de derbedei,
Târând parul după ei.
Au mers astfel cam vreun ceas,
Dar la ultimul popas,

Cel mai gras s-a așezat
Pe proțap și a urlat.
Ceilalți, crezând că-i dracu
Au fugit de-a berbeleacu.
Au căzut, s-au zgâriat,
Da-n urmă nu s-au uitat.

    Rămăseseră doar trei,
    Tremurând ca niște miei.
    De atâta tremurat
    Unul ortul popii-a dat.

În pădure rătăciți,
Doi studenți nenorociți,
Nemâncați și zdrențuiți,
Se privesc descumpăniți.
Deodată, au zărit
Un măr mic și putrezit.
Însă când s-au repezit
Să-l ridice, s-au ciocnit.
Din ei unul, mai căpos,

A ieșit victorios.

Celălalt cu un cucui

Drept în vârful capului,

A rămas pe jos lungit,

Cu un aer fericit.

    Un supraviețuitor,

    Al 10-lea domnișor,

    A ajuns curând în sat.

    Acolo s-a însurat

    Cu a inimii aleasă,

    Cam prostuță, dar pieptoasă.

    Și muncind așa, pe brânci,

    S-au trezit cu zece prunci.

Din armată

În marș

Bocanci de plumb,
Ciorapi scorțoși;
Soldați murdari și puturoși
Se târâie prin praf în soare,
Purtând poverile-n spinare.

    În urma lor, un nor de praf
    Se-așterne leneș și tăcut...
    Un efemer autograf
    Al celor care au trecut.

Dormitor

Stratificate paturi se întind orizontal,
Îmbăloșate perne la cap stau vertical.
Cearceafuri "hărtuite"[16] întinse la picioare
Expun neprihănite atlase militare.

Podele cătrănite [17] mustind de motorină,
Ferestre gălbejite, capcane de lumină.
Mirosuri de obiele, mirosuri de picioare,
Duhoare de mahorcă, duhoare de alcool.

Privesc printre zăbrele un colț de cer în zare
Și inima-mi se frânge și sufletul mi-e gol.

Cantină

Clistire mucilaginoase
Stau atârnate pe pereți,
Soldați cu fețe unsuroase
Privesc la ele circumspecți.
Ligheane pline de lături
Înșiruite pe podea
Așteaptă nesătule guri.
- Fräulein Grete [18], siend Sie da?

Infanteriștii

Cu mintea încețoșată de-ndoctrinări stupide,
Cu hainele murdare și buzele livide,
Cu trupul ars de soare și gurile uscate,
Cu palmele zdrelite și fețele crăpate,
Târând cu greu bocancii în praful de pe drum,
Pășesc infanteriștii, copiii nemuriri și-a gurilor de tun.

    Ei vin de unde nimeni nu s-a-ntors,
    Din țara focului și-a urii,
    Din țara morților ce dorm uitați
    Sub cerul gol, la marginea pădurii,
    De cei ce-odinioară le-au fost frați.

Priviți-i, voi ce nu cunoașteți greul,
Voi cei spălați și primeniți la timp,
Voi ce-ați stârnit cu zarva voastră zeul
Războiului, ce dormita în Olimp.

    Priviți-i și vă întipăriți în minte
    Figurile acestea de eroi.
    Priviți aceste fețe chinuite
    Și daca Judecata de Apoi
    Nu vă-nspăimântă fiindcă v-ați convins
    Că vechiul Dumnezeu e doar un mit,
    Feriți-vă de forța oțelului încins,
    Feriți-vă de colții mistrețului rănit.

Nu vă-nfioară această tăcere-apăsătoare?
E liniștea de dinnaintea furtunii de pe mare,
Cumplita acalmie din ochi de uragan.
E liniștea în care erupe un vulcan.

    Fugiți cât incă nu e prea târziu.
    Când lava clocotindă va izbucni afară,
    Va transforma în scrum tot ce e viu
    Și va topi mărețe palate ca pe ceară.

Din așternuturile calde,
În rând cu mii de paraziți,

Ca niste ploșnițe-mbuibate,
De mai puteți umbla, fugiți!

    Nu meritați să fiți aici în clipa
    În care muritorii deveni-vor zei.
    Când rațiunea va învinge frica,
    Nu voi veți fi stăpâni, ci ei.

Alor mei

Rugă

O, Doamne, îndreaptă-ți privirea în jos;
Vezi, Tu, bunicuța cu părul cărunt,
Cu umerii firavi, cu mersul sfios,
Cu ochi de cicoare cum alții nu sunt?

    E ființa pe care de-o vrei prețui,
    Nu-i aur în lume să-o poți cumpăra.
    Și chiar de mi-ai cere și chiar dacă-ar fi,
    Mă iartă Stăpâne, dar nu ți-o pot da.

Acum e bătrână și pasu-i e greu,
Abia mai răsuflă când este la mers,
Vederea-i e slabă, se-așează mereu,
Și inima în pieptu-i o doare ades.

    O, Doamne, ia-mi ochii și dă-i văzul meu,
    Să poată să vadă ce n-a mai văzut.
    O viață întreagă muncit-a din greu,
    Ca eu să mă bucur de tot ce-i plăcut.

Ia-i inima Doamne și dăi-o pe-a mea,
Călită în jocuri și sport ne-ntrerupt,
Să poată să umble, s-alerge și ea,
Să nu-i pară dealul așa de abrupt.

    O, Doamne, îndreaptă-ți privirea în jos;
    Vezi tu o femeie cu chip obosit?
    E tânără încă și în păru-i frumos,
    Argintul tristeții prea brusc a venit.

Jupoaie-mă Doamne, de viu dacă vrei,
Și mușchii mi-i scoate te rog de pe os,
Dar dă-i iarăși tenul și zâmbetul ei,
Și umbletu-i sprinten și chipul voios.

    O, Doamne, îndreaptă-ți privirea în jos;
    Vezi tu o copilă cu glasul zglobiu,
    Cu ochii ca mura, cu mers mlădios,
    Cum alta în lume să fie nu știu?

Din creieru-mi, Doamne, te rog să imi iei
Din studiul de-o viață ce este mai bun

Și adaugă Doamne la creierul ei.
Ascultă-mă Doamne și fă cum iți spun.

    Să poată să urce mai sus decât eu
    Urcat-am prin muncă și-efort neîncetat,
    Să știe mai multe, să-nvețe mereu,
    S-ajungă la steaua la care-am visat.

Fă-mi Doamne bilanțul și anii ce sunt,
De-acum până în clipa sortită să mor,
Adaugă-i Doamne la ani-i pe rând
Și dă-i viața lungă și traiul ușor.

    Dar sufletu-mi, Doamne, te rog să îl lași
    Cu ele-mpreună să steie mereu,
    Să poată să fie tot timpul părtaș,
    La gânduri și fapte, la bine și greu.

Cuprins de căldura din sufletul lor,
Să uite al vieții zadarnic tumult.
Pe-a timpului apă, pribeag călător,
O, Doamne, mă iartă de-ți cer poate mult.

Astrei [19]

Într-o frumoasă zi de April,
Când aurul din soare se revărsa în câmpie
Și în văzduh al ciocârliei tril
Umplea întreaga fire de cânt și veselie,

> Când gâzele ferice că iar e primăvară
> Porneau din nou cu râvnă să scormone pământul,
> Iar vrăbii guralive se zbenguiau afară,
> Lăsându-și puful moale să-l ciufulească vântul,

Când mugurii înverziți se răsfirau pe ram
Și pomii din grădină păreau albiți de nea,
Cu obrăjorii rumeni și glasul diafan,
Ai apărut pe lume tu, Astra, fica mea.

> Văzându-te din slavă, un nor pufos de vată,
> Ce se plimba agale pe-un cer de peruzea,
> Trecand pe langă-un munte cu fruntea sus, bombată,
> Îi spuse încet: "De astăzi avem o noua stea".

Și soarele auzindu-l a strălucit mai tare,
Iar vântul de uimire și-a reținut suflarea;

În locul ei de veacuri, cât vezi din zare-n zare,
Rămas-a pentru-o clipă, încremenită, marea!

    În jurul tău cu toții au căutat să-ți placă,
    Iubit-ai fost tot timpul de mari ca și de mici.
    Ți-au fost pe câmpul verde tovarăși buni de joacă
    Pestrițe buburuze, bondari, hârciogi, furnici.

Și ai crescut cum crește voinicul din poveste;
Te înălțai într-o lună cât alții într-un an...
Și așa, pe nesimțite, fără să prinzi de veste
Ajuns-ai școlariță, cu șorț și cu ghiozdan.

    În cărțile de școală tu ai găsit o lume
    La fel de minunată ca cele din povești,
    Carnetul de elevă, mănunchi de note bune,
    Răsplata străduinței, ți-e drag să îl privești.

    Să ne trăiești fetiță gingașă și frumoasă,
Să-ți fie toată viața o pajiște înflorită,
Să ai doar bucurii, la școală și acasă,
Să fii de toată lumea ca pân-acum iubită.

    Să îți fie casa toată un zâmbet și-o lumină
    Și prietenii să îți fie tovarăși buni și drepți,

Să nu te-atingă ura, invidia meschină;
Îndrumători să îți fie doar oameni înțelepți.

Tristețea și durerea să nu îți umbrească fața
Și ochii tăi surâdă ca florile din glastră.
Rămâi de-a pururi pură ca roua dimineața,
Pe bolta instelată ca Vega cea albastră.

Iar când scrisoarea asta găsi-vei peste ani
Și mâna tremurândă boți-va poate plicul,
Să știi ca iți urează și atuncea La Mulți Ani
Și te sărută dulce, ca și acum.

Tăticul.

Basm [20]

Afară e soare și zvon de copii,
Pe cer se-ntretaie în zbor ciocârlii,
Pământul e reavăn și pomii-nfloriți,
E ca într-o poveste cu gnomi și hobiți.

    Pitici de o schioapă și iele mlădii
    Pe trolii cei leneși i-au scos în câmpii
    Și în jurul lor, roată, se învârt nebunește;
    Sar trolii să-i prindă și nu pot, firește.

Se reped la Dwalin,
Dar apare Bolin;
Fuga după Kily,
Îi oprește Fili;
Dori și cu Nori
Îl scapă pe Ori;
Cu praștia, Gloin
Trage-n troliul care
La-nhățat pe Oin;

Ne-nfricatul Thorin,

Bofur și Bifur,

Sar în ajutorul

Grasului Bombur.[21]

    E o hărmălaie și-un iureș nebun,

    Parcă-i vijelie, parcă e taifun.

    A venit și Bilbo, vine și Gandalf;

    Ce mai, încasează trolii un perdaf...

Un nor se destramă pe cerul de-azur,

E atâta soare și lumină în jur...

Un brotac minuscul strigă din băltoacă:

"Nu mai sta pe gânduri, Astra, hai la joacă".

Un suflet te cheamă [10]

E ploaie afară, copacii stau uzi
Plecați sub povara frunzișului greu.
Un suflet te cheamă, dar nu îl auzi
Și plouă întruna și plouă mereu.

    Un suflet te cheamă, te cheamă să vii,
    E singur în noapte și nu îi răspunzi.
    Doar vântul se plimbă prin parcuri pustii.
    E ploaie afară, copacii stau uzi.

Închis în capcana pereților muți,
Un suflet te cheamă, te cheamă mereu.
Zadarnic. Doar pomii se-nclină tăcuți,
Plecați sub povara frunzișului greu.

    Nu-i nimeni în preajmă să-l vadă gemând,
    Pustie-i odaia, pereții sunt surzi.
    În liniștea nopții, abia murmurând,
    Un suflet te cheamă, dar nu îl auzi.

Și ploaia se înalță în jur ca un zid
Prin care chemarea răzbate cu greu.
Un fulger despică abisul lichid
Și plouă întruna și plouă mereu.

Da, ne desparte un ocean [10]

Un nesfârșit întins de apă...
Da, ne desparte un ocean.
În primăvara ce-o să-nceapă
Îmbătrâni-voi cu un an.

    Ce tristă este despărțirea
    Când bătrânețea stă să-nceapă
    Și în față-ți stă nemărginirea.
    Un nesfârșit întins de apă.

Aș vrea să zbor, s-ajung mai grabnic,
Să sting al dorului elan.
Și număr clipele, zadarnic
Că ne desparte un ocean.

    Nu voi vedea cireșii în floare,
    Nici nuferii ieșiti din apă
    Să soarbă razele de soare,
    În primăvara ce-o să-nceapă.

Privi-voi pânzele în zare
Plutind pe-al apelor noian.
De-atâta dor și așteptare,
Îmbătrâni-voi cu un an.

Îmbătrâni-voi cu un an
În primăvara ce-o să-nceapă.
Da, ne desparte un ocean,
Un nesfârșit întins de apă...

Iar când vom fi bătrâni [22]

Iar când vom fi bătrâni, cu obraji brazdați de cute
Și creștete albite de-a anilor ninsoare,
Vom merge-ntr-o poiană, departe, sus la munte,
Să ne luăm adio de la-ndrăgitul soare.

    Vom sta așa-n picioare, ca doi copaci bătrâni
    Scăpați ca prin minune de a timpului secure.
    Cu crengile-mpletite din firavele mâini
    Vom undui agale în freamăt de pădure.

Ne vom aduce aminte de vremurile-n care
Eram, vai cum trec anii, neștiutori și buni.
În mijlocul poienii, îmbrățișați sub soare,
Privi-vom cum se lasă amurgul peste culmi.

    Iar când aripa morții încet va cerne bruma
    Pe ochii plini de vise, să nu te temi, te rog.
    La pieptu-mi te voi strânge, atunci ca și acuma
    Și mâna ta în mâna-mi voi ține strâns, zălog.

Vom fi un trup, un suflet, o șoaptă, un suspin,
Un vis uitat, un cântec, un ritual divin,
Un murmur, o poveste, un zvon adus de vânt,
O liniște eternă, o floare, un mormânt.

Epilog

Ultimul Val

Când vremea veni-va să treci râul Styx, [23]

Și drumu-nainte se pierde-n abis,

Lui Charon [24] ce-așteaptă cu barca la mal

Trufaș îi aruncă bănuțul de-argint.

Scăpat din al vieții absurd labirint,

Sus capul, zâmbește, e ultimul val.

Note explicative

1. Tudor Arghezi:"De-abia plecaseși".
2. După "If" de Rudyard Kipling.
3. "Totul curge" (Heraclit).
4. Practic întreaga masă a unui atom e concentrată în nucleu, al cărui volum este de peste un miliard de ori mai mic decât volumul atomului.
5. Spunem că mulțimea numerelor raționale e densă fiindcă oricât de aproape ar fi două numere raționale p și q există întotdeauna un alt număr rațional (de exemplu (p + q) / 2) a cărui valoare este cuprinsă între p și q. Și totuși, în ciuda acestei densități imense, greu de imaginat, intre numerele rațione există o infinitate de spații lipsite de numere raționale și care aparțin numerelor iraționale și transcedentale.
6. "Cogito, ergo sum" (Descartes).
7. Spațiul Euclidian așa cum l-am învățat la școală, în care distanța cea mai scurta dintre doua puncte este o linie dreaptă, e o noțiune idealizată. În realitate, materia din univers "curbează" spațiul din jurul ei, în sensul că distanța cea mai scurtă dintre două puncte nu e o linie dreaptă ci o curbă.
8. Mihai Eminescu ("Împărat și proletar")
9. "Lasciate ogni speranza, voi che entrate" (Dante Alighieri,"Infernul").
10. Glosă.

11. O gigantă roșie în diagram Hertzsprung-Russell.

12. Unitate de măsură a lungimii egală cu aproximativ 3.3 ani lumină.

13. Teoria cosmogonică a lui O. Y. Schmidt.

14. După "Zece negrii mititei" de Agatha Cristie.

15. Parodiat după primul vers din refrenul de la imnul "Internaționala".

16. Adjectiv original derivat de la cuvantul "hartă", care în jargon militar reprezintă o pată de poluție nocturnă pe cearceaf.

17. Unse cu catran.

18. Personaj din "Faust" de Goethe

19. De ziua ei când a împlinit 10 ani.

20. După "O poveste cu un hobbit" de J. R. R. Tolkien.

21. Pe considerente de accent și rimă s-a adoptat pronunția românească. Pentru pronunția originală vezi *https://www.howtopronounce.com*

22. Lui Ellie.

23. Râu în mitologia greacă ce separa lumea viilor de cea a morților.

24. Personaj mitologic care trecea cu barca peste raul Styx pe cei proaspăt decedați, primind pentru asta o monedă de argint.

Cuprins

De dragoste 5
   Întâmplare 7
   De-aș fi rămas 8
   Azi vei pleca 10
   Lapis lazuli 12
   Floarea 14
   Nu sunt luceafăr 16

Gânduri 19
   De poți 21
   Învăț să merg 25
   Din nou mă întorc pe-același drum 27
   Azinoapte mă plimbam printre morminte 29
   Panta rhei 31
   Gol 33
   Black hole 35

Din anii studenției 37
   Portocaliu e glasul tău! 39
   Romanța debreținilor albaștri 41
   Apocalips 42
   Geneză 43
   Ce grațios e d-l Stan 45
   Ghinion 46
   Piei, drace! 48
   Alphons era un câine prost 50
   Zece studenți 52

Din armată 57
    În marș 59
    Dormitor 60
    Cantină... 61
    Infanteriștii 62
Alor mei.. 65
    Rugă 66
    Astrei 69
    Basm 72
    Un suflet te cheamă 74
    Da, ne desparte un ocean.. 76
    Iar când vom fi bătrâni 78
Epilog 79
    Ultimul Val.. 80
Note explicative 81
Cuprins 83

ISBN 978-1-936629-50-3
COPYRIGHT 2016 © Reflection Publishing
Printed in the United States of America
Published by Reflection Publishing
P.O. Box 2182, Citrus Heights, California 95611-2182
email: info@reflectionbooks.com
www.reflectionbooks.com